Feuerwehr Geschichten

von Carola von Kessel

Inhalt

Der Held des Tages

Tatütata! Die Feuerwehrsirene hallte laut durch die Straßen. Schnell fuhren Autos und Fahrräder an die Seite, um die Einsatzfahrzeuge vorbeizulassen. An den Straßenrändern blieben Eltern mit ihren Kindern stehen und sahen zu, wie die Feuerwehrautos vorbeibrausten.

So hatte auch Max schon oft dagestanden. Doch diesmal war alles anders! Heute saß er neben seinem Onkel Uli im Feuerwehrauto und fuhr mit zum Löscheinsatz. Davon hatte Max schon lange geträumt, und nun war es endlich so weit.

5

Max gehörte nämlich neuerdings zur Kinderfeuerwehr. Als neues Feuerwehrmitglied durfte er zwar keine Brände löschen, aber heute bei einem echten Einsatz hautnah dabei sein.

Aufgeregt beobachtete er, wie die Feuerwehrleute während der Fahrt ihre Helme aufsetzten und die feuerfesten Handschuhe anzogen. Auch Max trug einen Helm und einen Anzug aus schwer brennbarem Stoff – für alle Fälle!

Er hatte seinem Onkel fest versprochen, dass er während des Einsatzes niemanden stören und gut aufpassen würde.

„Ich kann mich während der Arbeit nicht um dich kümmern", hatte Onkel Uli gesagt. „Achte darauf, dass du die Einsatzkräfte nicht behinderst. Halte dich unbedingt vom Feuer fern. Und wenn die Lage gefährlich wird, musst du sofort auf mich hören und dorthin gehen, wo ich dich hinschicke."

Max hatte genickt und versprochen, dass er sich genau an die Anweisungen seines Onkels halten würde. Er wusste ja, dass bei Feuerwehreinsätzen jede Sekunde zählte. Auf gar keinen Fall wollte er die Einsatzkräfte bei der Arbeit stören!

All das schoss Max jetzt durch den Kopf. In seinem Bauch kribbelte es. Er war so gespannt, was sie am Einsatzort erwarten würde!

Schon von Weitem konnten sie den dunklen Rauch über dem brennenden Gebäude sehen. Kurz darauf hielten die Feuerwehrautos vor dem Haus an. Dichter Qualm drang aus den Fenstern. Die Feuerwehrleute wussten genau, was zu tun war. Während einige von ihnen Schläuche verlegten, wagten sich andere in das Gebäude und sahen nach, ob noch Bewohner im Haus waren.

Max beobachtete aus sicherer Entfernung, was geschah. Obwohl er ein gutes Stück entfernt stand, spürte er die Hitze des Feuers.

Eilig schlossen die Feuerwehrleute ihre Schläuche an Hydranten an, die Wasser aus unterirdischen Leitungen zapften. Inzwischen war auch die Polizei eingetroffen und hatte die Straße abgesperrt.

Nur Max stand untätig daneben. Er hätte so gerne mitgeholfen, aber natürlich erinnerte er sich an sein Versprechen und hielt sich zurück.

Bald war für die Löscharbeiten alles vorbereitet. Max hüpfte nervös von einem Fuß auf den anderen. Wann begannen die Einsatzkräfte endlich, das Feuer zu löschen?

Nun kam der Trupp zurück, der das Haus erkundet hatte.

„Es scheinen keine Bewohner anwesend zu sein“, gab der Truppleiter per Funk durch.

Max atmete auf.

„Wasser marsch!“ Schon richteten die Feuerwehrleute ihre dicken Wasserrohre auf die Flammen.

In diesem Augenblick sah Max, wie sich an einem Fenster im Obergeschoss etwas bewegte! Aufgeregt kniff er die Augen zusammen. Hatte er sich getäuscht, oder war doch noch jemand im Haus?

„Halt!“, rief Max, so laut er konnte. Ohne lange nachzudenken, rannte er los, genau auf die Feuerwehrleute zu. Mit lauten Rufen versuchte er, sie darauf aufmerksam zu machen, dass etwas nicht in Ordnung war.

Die Einsatzkräfte ließen ihre Rohre sinken. Onkel Uli sah Max entsetzt an.

Max nahm all seinen Mut zusammen und holte tief Luft. Eine ganze Mannschaft von Feuerwehrleuten sah ihn erwartungsvoll an. Neben ihnen loderten die Flammen aus dem Haus, und als Max sprechen wollte, versagte seine Stimme.

Er räusperte sich. „Ich glaube, da ist noch jemand in dem Haus“, stieß er hervor. „Ich habe gesehen, dass sich hinter dem linken Fenster im ersten Stock etwas bewegt hat.“

Der Einsatzleiter sah Max prüfend an. „Also gut, wir sehen dort noch einmal nach“, sagte er.

Einige knappe Kommandos reichten, und schon rollte das Drehleiterfahrzeug unter das Fenster. Zwei Feuerwehrleute schwebten im Rettungskorb nach oben.

9

Atemlos sah Max, wie einer von ihnen oben an die Fensterscheibe klopfte und laut rief.

Sekunden später traf per Funk die Meldung ein: Tatsächlich hielt sich in dem Zimmer ein Hund auf! Zum Glück hatten die Flammen den Raum noch nicht erreicht, doch der beißende Rauch aus dem Treppenhaus drang schon durch die Türritzen.

Sofort ordnete der Einsatzleiter die Rettung des Hundes an.

Unterdessen kam Onkel Uli zu Max herüber.

„Gut aufgepasst!“, sagte er und klopfte ihm auf die Schulter. „Die Rauchgase sind für Menschen und Tiere sehr gefährlich.“

Jetzt ging alles ganz schnell: Einer der Feuerwehrmänner drückte das Fenster auf und kletterte in das Zimmer. Gleich darauf erschien er mit einem Hund in den Armen und reichte ihn seinem Kollegen im Rettungskorb. Rasch kletterte der Retter wieder in den Korb, und schon beförderte die schwenkbare Leiter die Retter und den Hund sicher nach unten.

„Wie schnell das geht!“, staunte Max.

Doch als er sich umsah, stand Onkel Uli schon nicht mehr neben ihm.

„Wasser marsch!“, befahl der Einsatzleiter jetzt zum zweiten Mal.

Erneut richteten Onkel Uli und seine Kollegen ihre Rohre auf das Feuer. Zischend prasselte das Wasser in die Flammen.

Wie gebannt sah Max zu. So spannend hatte er sich seinen ersten Feuerwehreinsatz nicht vorgestellt!

Da tippte plötzlich jemand auf seine Schulter. Es war der Feuerwehrmann, der den Hund gerettet hatte. „Bitte kümmere dich ein bisschen um ihn“, sagte er und drückte Max die Hundeleine in die Hand. „Er wirkt zwar fit, aber er ist ziemlich durcheinander.“

Bereitwillig nahm Max die Leine entgegen und streichelte den Hund. Der bellte ein paarmal aufgeregt, wurde dann aber langsam ruhiger.

Allmählich löschte das Wasser die Flammen. Bald trafen auch die Bewohner des Hauses ein, die nur kurz beim Einkaufen gewesen waren.

Bestürzt blickte das Ehepaar auf das qualmende Haus.

In diesem Augenblick begann der Hund wie verrückt an der Leine zu ziehen. Er bellte laut und wollte sofort zu seinen Besitzern.

„Waldo!", rief die Frau und stürzte ihm entgegen. „Du bist gerettet! Was für ein Glück!" Tränen der Erleichterung liefen über ihr Gesicht, während sie den Hund in die Arme schloss.

Auch der Mann beugte sich strahlend zu Waldo hinunter und knuddelte ihn. „Nun sind zwar unsere Möbel verbrannt", stellte er fest. „Aber das Wichtigste ist doch, dass Waldo und uns nichts passiert ist!"

„Dass der Hund so schnell gerettet wurde, haben Sie diesem jungen Mann zu verdanken", sagte der Einsatzleiter und deutete auf Max. „Er ist der Held des Tages. Denn er hat als Einziger gemerkt, dass sich im Obergeschoss etwas bewegt hat."

Überschwänglich bedankten sich die Besitzer bei Max und nahmen die Hundeleine entgegen.

„Aber wie unser schönes Haus nun aussieht!“ Waldos Besitzerin seufzte. „Wie ist das Feuer wohl entstanden?“

Der Einsatzleiter lächelte sie aufmunternd an. „Meine Kollegen von der Brandursachenermittlung werden den Grund bestimmt finden“, versprach er. „Zum Glück haben Ihre Nachbarn sofort die Feuerwehr gerufen. So konnten wir verhindern, dass das Haus ganz abbrennt.“

Es dauerte noch eine Weile, bis das Feuer völlig gelöscht war. Nun rollten die Feuerwehrleute ihre Schläuche wieder auf. Max half ihnen, alles ordentlich in den Fahrzeugen zu verstauen.

„Alle Achtung!“, sagte Onkel Uli auf dem Rückweg zu Max. „Du hast dich genau richtig verhalten. Wenn jemand in Not ist, muss man immer Hilfe holen – aber ohne sich selbst in Gefahr zu bringen.“

Max strahlte übers ganze Gesicht. Diesen Feuerwehreinsatz würde er ganz sicher nie vergessen!

Pizza-Alarm!

In der Einsatzleitstelle ging es hoch her. Ständig klingelte das Telefon. Tina und Tom hatten alle Hände voll zu tun. Von morgens bis abends nahmen sie Notrufe entgegen, schickten Löschzüge und Rettungswagen in verschiedene Stadtteile und verfolgten die Fahrten der Einsatzkräfte auf großen Bildschirmen.

Oft hatten sie keine Zeit für eine Pause, sondern aßen nur schnell zwischendurch eine Kleinigkeit.

Auch heute war wieder ein turbulenter Tag gewesen, doch nun war ihr Dienst zu Ende. Während die Kollegen von der Nachtschicht die Aufgaben in der Einsatzleitstelle übernahmen, traten Tom und Tina auf den Gehsteig hinaus. Es war ein herrlicher Sommerabend, und die Stadt war voll von Menschen. Viele waren mit Fahrrädern oder Inlinern unterwegs, andere saßen draußen vor den Cafés und löffelten Eis oder tranken kühle Limonade.

„Komm, wir gehen noch eine Pizza essen", schlug Tom vor.

„Au ja!" Tina nickte begeistert. Nach dem langen Arbeitstag hatte sie einen Riesenhunger.

Zielstrebig steuerten die beiden auf ihr Lieblingsrestaurant zu. Beim Gedanken an eine köstliche Pizza lief Tina und Tom schon das Wasser im Mund zusammen.

Sie waren bereits ein ganzes Stück gelaufen, als es hinter ihnen plötzlich laut schepperte. Oje, zwei Autos waren zusammengestoßen! Klar, dass Tom und Tina sofort nachsahen, ob jemand Hilfe brauchte. Zum Glück war niemand verletzt. Tina sicherte die Unfallstelle mit Warndreiecken, während Tom mit dem Mobiltelefon in der Einsatzleitstelle anrief.

Bald trafen die Kollegen von der Polizei ein. Sie befragten die Fahrer beider Autos und erkundigten sich bei Tina und Tom, ob sie den Unfall beobachtet hatten. Anschließend sahen sich die Polizisten die Unfallstelle und die Fahrzeuge genau an, um herauszufinden, wie es zu dem Zusammenstoß gekommen war. Rasch zeigte sich, dass einer der Autofahrer ein Straßenschild übersehen hatte. Deshalb war er weitergefahren, statt dem anderen Auto die Vorfahrt zu gewähren.

Nachdem das geklärt war, bedankten sich die Polizisten bei Tina und Tom. Sie wurden nun nicht mehr benötigt.
Und das war gut so, denn vor Hunger knurrte Tinas Magen inzwischen ziemlich laut.

„Jetzt haben wir uns die Pizza aber wirklich verdient“, lachte Tom, während sie auf die Straße zusteuerten, in der das Restaurant lag.

Doch es war wie verhext: Auf einmal kam ihnen laut blökend ein Schaf entgegen!

„Ein Schaf mitten in der Stadt?“, staunte Tom. „Wo kommt das denn her?“

Tina meinte: „Bestimmt von dem Landgasthof am Stadtrand. Dort leben einige Schafe.“

Während Tina das Schaf festhielt, rief Tom bei der Einsatzleitstelle an. Kurz darauf bog ein Zugfahrzeug mit einem Viehanhänger in die Straße ein. Mit vereinten Kräften gelang es Tina, Tom und ihrem Kollegen Jens, das Schaf in den Anhänger zu befördern.

„Danke für eure Hilfe!“, rief Jens. „Ich bringe das Schaf zu seinem Besitzer zurück! Und was habt ihr heute noch vor?“

„Wir wollen Pizza essen gehen“, erklärte Tom. „Tina und ich haben einen Bärenhunger.“

„Na, dann wünsche ich guten Appetit!“ Jens winkte aus dem Fenster und bog in Richtung Stadrand ab.

Erleichtert atmeten Tina und Tom auf. Jetzt aber schnell zur Pizzeria!

Aber was war das? Das Hupen vieler Autos machte sie darauf aufmerksam, dass an der nächsten Kreuzung etwas nicht stimmte. Die Ampeln waren ausgefallen! Kreuz und quer standen Autos auf der Straße, während die Fahrer hupten und mit den Armen fuchtelten.

Klar, dass Tom auch jetzt wieder bei der Einsatzleitstelle anrief! Bald kam ein Polizeiauto angebraust, gefolgt von einem Lieferwagen mit zwei Handwerkern. Tina und Tom halfen den Polizisten, den Verkehr zu regeln.

Währenddessen kümmerten sich die Handwerker um die defekten Ampeln. Bald funktionierte alles wieder, und die Autos konnten weiterfahren.

„Ich sterbe gleich vor Hunger!“, ächzte Tina. Aber noch bevor die Freunde das letzte Stück zum Restaurant zurückgelegt hatten, hielt neben ihnen plötzlich das Auto von Jens – diesmal aber ohne Anhänger.

„Das Schaf grast wieder beim Landgasthof!“, rief Jens. „Ich habe gehört, dass ihr inzwischen noch der Verkehrspolizei geholfen habt. Bitte steigt schnell ein, ich brauche dringend eure Unterstützung!“

Tom und Tina sahen ihn entsetzt an.

„Muss das sein?“, fragte Tom. „Wir wollten jetzt endlich unsere Pizza essen.“

Tina meinte: „Gibt es denn keine anderen Kollegen, die dir helfen können?“

„Leider nein!“ Jens schüttelte den Kopf. „Ihr seid die Einzigen, die für diesen Einsatz infrage kommen.“

Da gaben sich Tina und Tom einen Ruck und stiegen ein.

„Wohin fahren wir denn?“, erkundigte sich Tom unterwegs.

„Ach, das ist schwierig zu erklären“, sagte Jens ausweichend. „Ihr werdet es gleich sehen.“

Tina und Tom seufzten. Sie waren wirklich hilfsbereit und wollten Jens gerne unterstützen. Aber sie merkten auch, dass sie allmählich sehr erschöpft waren.

Unterdessen steuerte Jens den Wagen durch die Straßen. Bald erreichten sie den Stadtrand.

Mit lautem Grummeln machte sich Tinas Bauch bemerkbar.

„Oje, braut sich da etwa ein Gewitter zusammen?“, fragte Jens erschrocken.

Tina lachte. „Das war kein Donnergrollen, sondern mein Magen!“

Endlich setzte Jens den Blinker. „Überraschung!“, rief er und bog in die Einfahrt des Landgasthofs ein. „Ich habe dem Gastwirt erzählt, wer sein Schaf eingefangen hat. Zum Dank hat er uns zum Abendessen eingeladen. Und ich habe auch schon Pizza für uns alle bestellt!“

Tina und Tom strahlten. Kurz darauf saßen sie zu dritt im Garten des Gasthofs und ließen sich Pizza und kühle Apfelschorle schmecken.

Tom runzelte die Stirn. „Aber wobei sollen wir dir eigentlich helfen?", wollte er wissen. „Du hast doch gesagt, dass du unsere Unterstützung brauchst."

„Na klar brauche ich die!", grinste Jens und schnitt ein großes Stück von seiner Pizza ab. „Ich brauche dringend eure Hilfe beim Pizzaessen. Denn wie soll ich ganz alleine drei Pizzas schaffen?"

Einen Augenblick lang sahen Tina und Tom ihn erstaunt an. Dann brachen sie in fröhliches Gelächter aus.

„Vielen Dank, Jens!", sagte Tina.

„Das war Rettung in letzter Sekunde", meinte Tom. „Wir waren schon völlig ausgehungert."

An diesem Abend saßen sie noch lange zusammen und genossen die frische Landluft. Als Tom und Tina schließlich zu Hause in ihre Betten schlüpften, waren sie rundum satt und zufrieden. Der nächste Arbeitstag konnte kommen!

Ein gewagter Einsatz

Urlaub in den Bergen! Gespannt blickte Johann aus dem Autofenster, während der Wagen die kurvige Straße hinauffuhr. Auf der einen Seite ragten steile Felswände in die Höhe, auf der anderen klafften tiefe Abgründe.

Schaudernd blickte Johann in die Tiefe. In seinem Bauch kribbelte es. Er freute sich riesig darauf, die Bergwelt zu entdecken. Bestimmt gab es hier seltene Tiere und Pflanzen! Aber die hohen Berge mit den schroffen Felsspalten sahen auch ganz schön gefährlich aus.

„Wir sind da!", verkündete jetzt Johanns Papa. Sie parkten vor einem kleinen Hotel.

„Ist das herrlich!", rief Johanns Mama nach dem Aussteigen. „Wie frisch die Luft hier oben ist! Und hört doch nur, wie wunderbar still es ist!"

Johann und sein Papa lauschten. Einige Vögel zwischerten, und aus der Ferne drang das Läuten von Kuhglocken herüber. Doch plötzlich war es mit der Stille vorbei. Mit lautem Knattern kreiste ein Hubschrauber über den Bergen und verschwand dann in einem Tal.

„Von wegen still!", lachte Johanns Papa. „Aber es ist gut, dass es Rettungshubschrauber gibt. So können Sanitäter und Notärzte schnell helfen, wenn hier oben jemand krank oder verletzt ist."

„Hallo, macht ihr hier auch Urlaub?", ertönte da neben ihnen eine Jungenstimme.

Erstaunt drehten sich Johann und seine Eltern um. Da stand ein schwarzhaariger Junge und grinste Johann an.

„Ja, wir bleiben zwei Wochen lang", erklärte Johann.

„Cool!", rief der andere. „Wir sind seit gestern hier und bleiben ebenfalls zwei Wochen. Ich heiße übrigens Finn. Komm, ich zeige dir den Gebirgsbach, den ich gestern entdeckt habe."

Johanns Eltern hatten nichts dagegen, und auch Finns Eltern waren einverstanden. Im Hotel konnten die Jungen sich Fahrräder ausleihen, und schon ging es los.

Johann gefiel die Landschaft hier oben richtig gut. In der Ferne funkelten schneebedeckte Berggipfel im Sonnenlicht, und an den Hängen kletterten flinke Gämsen herum.

„Bist du zum ersten Mal in den Bergen?", erkundigte sich Johann.

„Ja, und hier gibt's echt viel zu entdecken", meinte Finn. „Wenn du Lust hast, können wir jeden Tag zusammen spielen."

Klar hatte Johann Lust! „Wir können im Bach Dämme bauen", schlug er vor. „Oder mit dem Kescher Kaulquappen und Fische fangen. Oder mit Stöcken und Steinen spielen!"

Ach, ihm fiel so viel ein, was man hier oben unternehmen konnte!

Plötzlich blieb Finn stehen. „Sieh dir nur diesen prächtigen Stier an!“, sagte er.

Johann blickte in die Richtung, in die Finn deutete – und schnappte erschrocken nach Luft. Auf einer Weide ganz in ihrer Nähe stand ein riesengroßer Stier. Unter seinem glänzenden Fell zeichneten sich kräftige Muskelpakete ab. Das Sonnenlicht, das über die Berggipfel fiel, ließ seine Augen gefährlich funkeln. Und seine Hörner ragten wie kleine Speere in den Himmel.

Johann schauderte. Gut, dass der Stier auf einer eingezäunten Weide stand!

In diesem Moment sagte Finn: „Komm, wir nehmen die Abkürzung über die Stierweide.“ Grinsend sah er Johann an. „Oder hast du etwa Angst?“

Johann blickte zu dem Stier hinüber. Täuschte er sich, oder starrte das Tier die Jungen angriffslustig an?

Johann wusste nicht, was er antworten sollte. Das machte ihn wütend, und plötzlich hörte er sich selbst sagen: „Ich und Angst? Kein bisschen!“

„Na super!“ Finn stellte sein Fahrrad ab und schwang sich über den Weidezaun.

Nun blieb Johann nichts anderes übrig, als ihm zu folgen. Mit weichen Knien kletterte er über den Zaun. Der Stier sah neugierig zu ihnen herüber, senkte dann aber den Kopf und rupfte ein paar Grasbüschel ab. Trotzdem behielt Johann ihn genau im Auge, während er mit Finn quer über die Weide lief. Endlich erreichten sie den gegenüberliegenden Weidezaun. Johann war heilfroh, als sie auf der anderen Seite des Zauns wieder in Sicherheit waren.

„Auf dem Rückweg gehe ich lieber um die Weide herum", sagte Johann. Sein Herz klopfte immer noch bis zum Hals.

„Also hattest du doch Angst?", meinte Finn.

„Na, und wenn?", entgegnete Johann.

Schweigend stapften sie den Berg hinauf. Bald erreichten sie eine Anhöhe, die einen wunderschönen Blick ins Tal bot. Unter ihnen lagen schroffe Felsen und sprudelnde Bäche, dunkle Waldstücke und sonnige Almweiden. Aber was war das? Johann kniff die Augen zusammen. Genau unterhalb der Bergstraße, die in schmalen Windungen den Hang hinaufführte, funkelte etwas im Sonnenlicht! Er konnte nicht gut erkennen, was es war. Etwas Großes, Blaues blitzte an einem felsigen Abhang auf. War das etwa ...?

„Ein Auto!", rief Johann erschrocken.

Finn sah ihn verständnislos an.

„Schau doch nur!" Aufgeregt deutete Johann in Richtung des blauen Fahrzeugs. „Bestimmt ist es von der Straße gerutscht!"

Finn legte die Hand über die Augen und spähte nach unten. Leider blendete die Sonne so sehr, dass man kaum etwas erkennen konnte. „Das könnte wirklich ein Auto sein", meinte Finn. „Aber vielleicht ist es ein uralter Schrotthaufen, der schon seit ewigen Zeiten dort steckt."

„Das glaube ich nicht." Vor Aufregung klang Johanns Stimme ganz heiser. „Schnell, wir müssen Hilfe holen!"

„Aber wie?", entgegnete Finn. „Hast du etwa ein Handy dabei?"

„Leider nein." Johann seufzte. „Und du?"

„Auch nicht." Finn schüttelte den Kopf.

Ein Rettungshubschrauber, der in der Ferne über den Gipfeln kreiste, brachte Johann auf eine Idee.

„Ich weiß was!", stieß er hervor. „Wir müssen die Rettungskräfte im Hubschrauber auf uns aufmerksam machen!"

Eilig sah er sich um. Neben ihnen ragte ein steiler Felsen in den Himmel.

„Dort oben sehen sie mich bestimmt!“, rief Johann. Er überlegte nicht lange und begann sofort, auf den Felsen zu klettern.

„Bist du verrückt?“, rief Finn. „Das ist doch viel zu gefährlich!“

Aber Johann dachte nur an das verunglückte blaue Auto. Vielleicht waren in dem Wagen Menschen eingeklemmt und brauchten Hilfe?

Der Aufstieg auf den Felsen war beschwerlich. Immer wieder rutschte Johann ab und schürfte sich Arme und Beine auf. Doch er biss die Zähne zusammen und kletterte weiter. Als er einmal kurz nach unten blickte, wurde ihm schwindlig. Bloß nicht abstürzen!, schoss es ihm durch den Kopf. Schnell zwang er sich, wieder nach oben zu schauen.

„Ich muss es schaffen“, sagte er sich immer wieder. „Ich muss oben ankommen, solange der Hubschrauber in der Nähe ist.“

Noch immer kreiste der Hubschrauber über den Gipfeln. Stück für Stück hangelte Johann sich nach oben. Hoffentlich, hoffentlich flog der Hubschrauber nicht weg!

Endlich hatte Johann es geschafft. Sobald er sich über die Felskante nach oben gestemmt hatte, zog er sein T-Shirt aus und schwenkte es über seinem Kopf. Hier oben wehte zwar ein frischer Wind, aber das war Johann egal. Hauptsache, er konnte die Hubschrauber-Besatzung auf sich aufmerksam machen!

„Super Idee!“, rief Finn, der am Fuß des Felsens stand und alles beobachtete. „Ich glaube, der Hubschrauber kommt näher!“

Und wirklich: Der Rettungshubschrauber näherte sich, blieb dann aber in der Luft stehen. Johann wedelte wie verrückt mit dem T-Shirt. Auf keinen Fall durfte der Hubschrauber wieder abdrehen!

Nun flog der Hubschrauber genau auf ihn zu.

Mit ohrenbetäubendem Knattern schwebte er über den Jungen. Während sich ein Helfer an einem Seil zu Finn hinunterließ, kletterte Johann vorsichtig von dem Felsen herunter.

„Was ist denn los?", wollte der Bergretter von den Jungen wissen. „Habt ihr uns etwa zum Spaß hierher gelotst? Jungs, das gibt richtig Ärger, denn wir sind nur für echte Notfälle da!"

Johann schnappte erschrocken nach Luft. „Wir haben dort unten ein Auto entdeckt", sagte er schnell. „Schauen Sie mal da!" Er deutete den Abhang hinunter, wo immer noch das blaue Auto zwischen den Felsen zu sehen war.

„Oje!" Auf einmal hatte der Bergretter es sehr eilig. „Danke, Jungs!", rief er. „Wir kümmern uns darum!" Sofort rief er mit seinem Funkgerät Verstärkung herbei.

Als sich der Hubschrauber wieder in die Luft erhob, atmete Johann auf. Erst jetzt merkte er, wie kalt ihm war. Schnell zog er sein T-Shirt wieder an.

„Alle Achtung!", sagte Finn. „Das war echt mutig von dir. Komm, lass uns schnell die Fahrräder holen und zu der Unfallstelle radeln! Vielleicht können wir ja helfen. Und zum Gebirgsbach gehen wir dann morgen."

Gesagt, getan: Rasch machten sich die beiden auf den Rückweg. Diesmal ging Johann vor und wählte den Weg um die Stierweide herum. Finn folgte ihm, ohne Johann wegen seiner Angst vor dem Stier aufzuziehen. Schließlich hatte Johann gerade gezeigt, wie mutig er sein konnte, wenn es drauf ankam!

Auf der anderen Seite der Weide stiegen die Jungen auf die Räder und sausten los. Doch sie kamen nicht weit. Die Polizei hatte die Straße schon abgesperrt, damit die Helfer ungestört arbeiten konnten. Also radelten Johann und Finn zum Hotel zurück. Ihre Eltern waren sehr froh, als die beiden auftauchten. Sie hatten die Polizeiautos und einen Rettungswagen auf der Bergstraße gesehen und sich große Sorgen gemacht.

Aufgeregt erzählten die Jungen von dem blauen Auto.

Die Eltern konnten kaum glauben, dass Johann die Helfer herbeigerufen hatte. Gemeinsam beobachteten sie von der Hotelterrasse aus, wie der Rettungswagen kurz darauf mit Blaulicht ins Tal fuhr.

„Bestimmt bringen die Sanitäter die Menschen aus dem blauen Auto ins Krankenhaus", sagte Johanns Mutter erleichtert.

Aus der Ferne konnte man sehen, wie nun die Feuerwehr zum Einsatz kam: Mit einem Kranwagen hoben die Feuerwehrleute das Auto nach oben. Dann war es geschafft! Ein Abschleppwagen brachte das Auto ins Tal, und schließlich machten sich auch die Feuerwehrautos und Polizeiwagen auf den Rückweg.

Nun kehrte auch im Berghotel langsam Ruhe ein. Beim Abendessen redeten die Hotelgäste aufgeregt über den Unfall und die Rettung.

„Zum Glück ist alles gut gegangen", meinte Johanns Vater. „Aber ab jetzt nimmst du immer ein Mobiltelefon mit, wenn du ohne uns im Gebirge unterwegs bist."

Damit war Johann gerne einverstanden. Denn von Aufregung und Nervenkitzel hatte er erst mal genug!

Ein tatkräftiges Team

So einen Dauerregen hatte der Feuerwehrmann Paul noch nie erlebt. Wochenlang hatte es fast pausenlos geregnet. Nun war der Fluss über die Ufer getreten, und die halbe Stadt stand unter Wasser. Paul und seine Kollegen waren unermüdlich im Einsatz. Tag und Nacht retteten sie Menschen aus Autos und Häusern und bauten mit Sandsäcken neue Dämme, damit sich das Hochwasser nicht noch weiter ausbreitete.

Doch von Pauls Kollegen waren nicht mehr viele übrig. Fast die halbe Mannschaft hatte sich bei dem Dauereinsatz im Regen erkältet und lag krank im Bett.

Da kam schon wieder ein neuer Notruf. Oje, ein weiterer Stadtteil war überschwemmt! Paul überlegte. Es waren einfach nicht mehr genug Einsatzkräfte vorhanden!

„Allein können wir das nicht mehr schaffen", teilte er der Einsatzleitstelle mit. „Wir brauchen dringend Verstärkung!"

Paul und seine Kollegen waren schon auf dem Weg zu dem überschwemmten Stadtviertel, als per Funk gute Nachrichten eintrafen.

„Verstärkung ist unterwegs", teilte die Einsatzleitstelle mit. „Einige Feuerwehrleute aus der Nachbarstadt und eine erfahrene Einsatzleitung kommen direkt mit Rettungsbooten."

Erleichtert atmete Paul auf. Endlich Unterstützung! Zurzeit konnten sie wirklich jede helfende Hand gebrauchen.

In dem überschwemmten Stadtteil sah es schlimm aus. Überall standen Menschen an den Fenstern und auf den Balkonen der Häuser. Mehrere Autos steckten im Wasser fest, und eine Katze hatte sich auf ein Hausdach gerettet.

Zum Glück waren in der Ferne schon die Boote aus der Nachbarstadt zu sehen. Vom Fluss aus steuerten sie auf die überschwemmten Straßen zu.

„Hier spricht die Einsatzleitung", drang da auch schon eine helle Stimme aus den Funkgeräten der Feuerwehrleute. Mit knappen Worten folgten einige Anweisungen.

Rasch hatte die fremde Einsatzleitung alle Aufgaben verteilt. Während die Kollegen auf den Booten zunächst alle Menschen und Tiere in Sicherheit brachten, übernahm Pauls Trupp die Bergung der Autos. Vorsichtig befreiten die Feuerwehrleute die Insassen und hoben die Fahrzeuge ins Trockene.

Inzwischen waren auch einige Rettungswagen eingetroffen. Erfahrene Sanitäter kümmerten sich um die Geretteten, und tüchtige Helfer des Technischen Hilfswerks verteilten warme Decken und heißen Tee.

Die Rettungswagen brachten alle Kranken und Verletzten in die umliegenden Krankenhäuser. Die übrigen Bewohner wurden vorübergehend in Turnhallen in der Nähe untergebracht. Gemeinsam mit den anderen Helfern sorgten die Feuerwehrleute dafür, dass jeder trockene Kleidung und ein Dach über dem Kopf hatte.

Doch viele Menschen wussten nicht, wo der Rest ihrer Familie geblieben war! Kinder suchten nach ihren Eltern und Eltern nach den Kindern. Herrenlose Haustiere wurden bei freiwilligen Helfern und in Tierheimen untergebracht.

Als das endlich geschafft war, begannen die Einsatzkräfte von Feuerwehr und Technischem Hilfswerk, die Wassermassen aus dem überschwemmten Bereich abzupumpen.

Der Einsatz dauerte viele Stunden und war sehr anstrengend. Paul und seine Kollegen gönnten sich keine Pause. Unermüdlich arbeiteten sie weiter. Zum Glück behielt die Einsatzleitung immer den Überblick und teilte die Teams klug ein.

Endlich war das Wichtigste geschafft. Alle Menschen und Tiere waren in Sicherheit, die Familien hatten zueinander gefunden, und das Wasser floss allmählich wieder ab.

„Vielen Dank für die großartige Unterstützung“, gab Paul per Funk an die Einsatzleitung durch.

„Aber gerne“, sagte da eine weibliche Stimme neben ihm.

Paul fuhr herum. Neben ihm stand eine Feuerwehrfrau, die ihn freundlich anlächelte.

„Ich habe den heutigen Einsatz geleitet“, sagte sie. „Also, ihr seid echt eine starke Truppe!“

Paul lachte. „Ihr aber auch! Vielen Dank, dass du uns mit deinen Leuten so tatkräftig unterstützt hast."

„Das war doch selbstverständlich", erwiderte die Feuerwehrfrau. „Bitte meldet euch, wenn ihr wieder einmal Hilfe benötigt."

„Auf jeden Fall", versprach Paul. „Und wenn unsere Leute wieder alle gesund sind, springen wir auch gerne ein, falls ihr einmal Unterstützung braucht."

Als sich die Helfer aus der Nachbarstadt kurz darauf auf den Heimweg machten, winkten Paul und seine Kollegen ihnen noch lange nach. Wie gut, dass im Notfall immer alle zusammenhielten!

Ein spannender Ausflug

„Komm, wir spielen Feuerwehr!“ Matz zielte mit dem Wasserschlauch auf das Spielzelt hinter dem Haus. „Wasser marsch!“

Johanna drehte den Hahn an der Mauer des Kindergartens auf. Schon sprudelte das Wasser aus dem Schlauch.

„Ich muss das Zelt löschen!“, behauptete Matz, während er den Wasserstrahl auf die Zeltplane richtete. „Auftrag erledigt!“, verkündete er kurz darauf.

„Gib mir den Schlauch auch mal“, bat Johanna.

Matz zögerte. Eigentlich wollte er den Schlauch nicht hergeben. Aber Frau Peters, die Kindergärtnerin, achtete streng darauf, dass kein Kind zu kurz kam.

Also drückte er Johanna den Schlauch in die Hand.

Schnell lief sie damit zum Sandkasten. Dort füllte Johanna eine Sandkuhle mit Wasser. Ihre Freundin Lilli ließ einen Ball in dem kleinen See schwimmen.

„Der Ball brennt!", rief Lilli. „Bitte löschen!"

Sofort richtete Johanna den Wasserstrahl auf den Ball, so dass er sich wild im Wasser drehte. „Geschafft!", meldete Johanna. „Der nächste Einsatz kann kommen!"

In diesem Augenblick klatschte Frau Peters in die Hände. „Der nächste Einsatz findet in der Feuerwache statt!", rief sie. „Bitte räumt auf, wir müssen gleich los!"

Aufgeregt rannten die Kinder durcheinander. Sie freuten sich riesig auf den Ausflug zur Feuerwache. Nur Tom war heute recht still. Er hatte großen Respekt vor Feuer und mochte es gar nicht, wenn seine Mama zu Hause Kerzen anzündete. Irgendwie fand er es unheimlich, wenn die Flammen flackerten und Schatten an die Wand warfen. Deshalb war ihm jetzt etwas mulmig zumute. Hoffentlich wurde in der Feuerwache kein echtes Feuer angezündet!

In Zweierreihen machte sich die Kindergartengruppe auf den Weg. Frau Peters ging ganz vorne. Frau Ommen folgte der Gruppe und passte auf, dass alle mitkamen.

Bis zur Feuerwache war es nicht weit. Die meisten Kinder kannten das Gebäude von außen. Aber was verbarg sich wohl im Inneren?

„Herzlich willkommen bei der Feuerwehr!" Der Feuerwehrmann Jan begrüßte sie freundlich. „Als Erstes zeige ich euch unsere Fahrzeuge", erklärte Jan und führte die Gruppe zu den Löschfahrzeugen.

Staunend sahen sich die Kinder um. Die Feuerwehrautos waren riesengroß! Jan erklärte ihnen, was die Feuerwehr zu ihren Einsätzen alles mitnimmt: Wassertanks, Schläuche, Absperrbänder, Verbandskästen und vieles mehr.

Piet hatte eine Frage. „Warum fahren eigentlich immer so viele Feuerwehrautos auf einmal los?“, wollte er wissen. Er wohnte ganz in der Nähe und hatte schon öfter beobachtet, dass sich drei oder vier Fahrzeuge gleichzeitig mit Tatütata auf den Weg machten.

Der Feuerwehrmann Jan erklärte: „Wenn wir zu einem Einsatz gerufen werden, wissen wir meist nicht genau, was uns dort erwartet. Manchmal brauchen wir zum Beispiel ein Fahrzeug mit Drehleiter, um Menschen aus hohen Gebäuden zu retten. Ein anderes Mal ist vielleicht ein Sprungkissen nötig oder eine Spreizzange, um jemanden aus einem Fahrzeug zu befreien. Und natürlich gibt es auch Einsätze, bei denen wir das alles nicht benötigen. Wir rücken fast immer mit mehreren Fahrzeugen aus, damit wir für alle Fälle gut gerüstet sind.“

„Und wofür ist dieser Wagen da?“ Ellen deutete auf einen Kleinbus.

„Das ist der Einsatzleitwagen“, antwortete Jan. „Er fährt meistens vorneweg. Von hier aus steuert der Einsatzleiter die Löscharbeiten.“

In der Fahrzeughalle entdeckte Joris etwas Spannendes. Er deutete auf eine Metallstange, die vom Obergeschoss nach unten führte. „Ist das die Stange, an der die Feuerwehrleute herunterrutschen?“

„Ja, das stimmt.“ Der Feuerwehrmann nickte. „Wartet mal, ich rufe eben meinen Kollegen Florian.“ Ein kurzer Befehl über das Funkgerät reichte, und schon sauste der Feuerwehrmann Florian an der Stange nach unten. „Das geht viel schneller als über die Treppe“, sagte er.

Als Nächstes zeigte Jan den Kindern die Schutzkleidung der Feuerwehrleute. „Bei Brandeinsätzen tragen wir feuerfeste Anzüge, Schutzhandschuhe und Helme mit Nackenschutz“, erklärte er.

Tom räusperte sich. „Was soll man eigentlich machen, wenn es irgendwo brennt?“, fragte er.

Jan erwiderte: „Als Erstes muss man die Nummer 112 anrufen. Die Kollegen von der Einsatzleitstelle nehmen das Telefonat entgegen und stellen dem Anrufer einige Fragen. Dann schicken sie sofort die Einsatzkräfte los. Meistens dauert es nur wenige Minuten, bis die Feuerwehr eintrifft."

„Stimmt es, dass auch Kinder bei der Feuerwehr mitmachen können?", wollte nun Lara wissen.

„Ja, das stimmt", bestätigte Jan. „In vielen Orten gibt es freiwillige Feuerwehren, bei denen auch Kinder schon mithelfen können. Wer weiß, vielleicht kommt der eine oder die andere von euch ja auch einmal zur Feuerwehr? Ich habe schon als Kind davon geträumt, später mal Feuerwehrmann zu werden. Für mich gibt es keinen schöneren Beruf. Aber man muss auch mutig sein und viel trainieren."

Die Kinder hatten gespannt zugehört.

„Wie haltet ihr euch denn fit?“, erkundigte sich Achmed.

„Kommt mit!“ Jan winkte die Kinder zu sich. „Ich zeige es euch.“ Er führte die Gruppe einen Gang entlang und öffnete eine Tür.

In einem großen Raum trainierten mehrere Frauen und Männer an unterschiedlichen Geräten.

„Feuerwehrleute müssen sehr stark und ausdauernd sein“, erklärte Jan. „Wir halten uns fit, indem wir regelmäßig laufen, klettern, schwimmen und unsere Muskeln stärken.“

Die Kinder sahen den Feuerwehrleuten ein wenig beim Training zu. Manche drehten im Ausdauerlauf ihre Runden, andere stemmten Hanteln oder machten Dehnungsübungen.

Plötzlich wurden die Kinder ganz zappelig.

„Wollt ihr auch ein paar Runden rennen?“, schlug Jan vor.

Natürlich wollten die Kinder! Sekunden später war der Raum von Trampeln, Lachen und Kindergeschrei erfüllt. Die Feuerwehrleute trugen es mit Fassung. Sie waren es gewohnt, dass es bei ihrer Arbeit nicht immer ruhig zuging.

„Bei der Feuerwehr ist es so toll!“, rief Matz mit leuchtenden Augen.

Auch die anderen Kinder waren begeistert. Sie wären gerne noch länger geblieben, doch Frau Peters rief sie zu sich, und sie mussten sich wieder in Zweierreihen aufstellen.

„Vielen Dank für den spannenden Vormittag“, sagte Frau Peters zu dem Feuerwehrmann.

„Gern geschehen“, erwiderte er und wandte sich noch einmal an die Kinder. „Wisst ihr noch, was ihr tun sollt, wenn es brennt?“

Tom antwortete sofort. „Wir sollen die Telefonnummer 112 anrufen!“

„Perfekt!“ Jan nickte zufrieden und winkte zum Abschied. „Auf Wiedersehen!“

Auf dem Rückweg zum Kindergarten redeten alle durcheinander. Auch Tom hatte jetzt wieder gute Laune. Es war gut zu wissen, dass die Feuerwehr im Notfall immer schnell zur Stelle war!

Voller Einsatz für Piep

Was für ein Unwetter! In der vergangenen Nacht war ein heftiger Sturm über die Stadt hinweggefegt und hatte alles mitgerissen, was nicht niet- und nagelfest war. Überall lagen umgestürzte Bäume, zerbrochene Dachziegel, verbogene Fahrräder und umgekippte Mülltonnen herum.

Für Olaf und seine Kollegen von der Feuerwehr bedeutete das: Dauereinsatz bei Wind und Wetter!

Sobald sich der Sturm etwas gelegt hatte, rückten die Feuerwehrleute aus. Sie hatten schon viel erlebt, aber so wie heute hatte die Stadt noch nie ausgesehen.

Als Erstes verschafften sich die Einsatzkräfte einen Überblick: Was war zu tun? Welche Aufgaben waren am dringendsten, welche konnten etwas warten?

Nach kurzen Rundfahrten durch die Stadt trafen sich die Helfer zur Besprechung. Gemeinsam legten Feuerwehr, Polizei und Technisches Hilfswerk fest, wie sie vorgehen wollten.

Bald stand der Plan: Zuerst musste sichergestellt sein, dass keine Menschen oder Tiere mehr in Gefahr waren. Als Nächstes sollten die Straßen freigeräumt werden, sodass Autos, Fahrradfahrer und Fußgänger wieder durchkamen. Zuletzt waren die Aufräumarbeiten in Gärten und Parks an der Reihe.

Die Helfer hatten alle Hände voll zu tun. Nachdem die Bewohner der Stadt in Sicherheit waren, kümmerten sich Dachdecker um die beschädigten Dächer und Fensterbauer um die Scheiben, die durch herabstürzende Äste kaputtgegangen waren.

Olaf und seine Kollegen arbeiteten eng mit der Polizei zusammen. Die Polizisten sperrten die Straßen ab, während die Feuerwehrleute die umgestürzten Bäume in Stücke sägten, um sie anschließend zur Seite zu räumen.

Es war eine harte Arbeit. Die Straßen und Bäume waren nass vom Regen, und es wehte ein kalter Wind. Unermüdlich räumten die Einsatzkräfte eine Straße nach der anderen frei.

Endlich war es geschafft: Alle Bewohner konnten wieder ungehindert zur Arbeit, zum Kindergarten oder zur Schule gehen. Auch wenn sich an den Straßenrändern noch zersägte Baumstämme stapelten, konnte das Leben in der Stadt wieder seinen gewohnten Lauf nehmen.

Erschöpft, aber zufrieden machte sich Olaf auf den Heimweg. Doch noch bevor er zu Hause ankam, klingelte sein Mobiltelefon. Seine Schwester Laura rief an!

„Hallo, Olaf!", sagte sie. „Wir brauchen dringend deine Hilfe! Maditas Vogel Piep ist entflogen, und wir finden ihn nicht. Kannst du uns bitte helfen?"

Madita war Olafs Nichte, und er wusste, wie sehr sie an ihrem kleinen Vogel Piep hing.

„Ich komme sofort", versprach er.

Kurz darauf traf Olaf bei Laura und Madita ein.

„Gut, dass du kommst!" Madita fiel ihm um den Hals. „Bitte, Onkel Olaf – du musst uns helfen, Piep zu finden."

Erst einmal ließ der Feuerwehrmann sich beschreiben, was geschehen war. Madita berichtete, dass Piep frei in ihrem Zimmer herumfliegen durfte. Bei dem Unwetter war allerdings ein dicker Ast gegen das Fenster gekracht und hatte die Scheibe eingedrückt. Seitdem war Piep verschwunden.

„Bestimmt ist er durch das offene Fenster nach draußen geflogen“, jammerte Madita. „Aber er kommt allein doch gar nicht zurecht. Wir müssen ihn unbedingt finden!“

„Das wird nicht einfach sein“, meinte Olaf. „Aber ich helfe dir, so gut ich kann!“

Mit dem Mobiltelefon schickte er eine Nachricht an alle Kollegen: „Kleiner, blauer Sittich dringend gesucht! Bitte sagt Bescheid, wenn ihr ihn irgendwo seht!“

Die Einsatzkräfte waren ja überall in der Stadt unterwegs. Wenn alle nach Piep Ausschau hielten, wurde der Vogel vielleicht bald entdeckt.

Als Nächstes rief Olaf beim Tierheim an und erkundigte sich, ob jemandem ein Vogel zugeflogen war. „Wenn Leute ein Tier finden, melden sie sich oft beim Tierheim“, erklärte er.

Doch bisher hatte niemand einen kleinen, blauen Vogel gefunden.

Gemeinsam überlegten Olaf, Laura und Madita, was sie noch unternehmen konnten.

„Habt ihr die Umgebung schon gründlich abgesucht?“, fragte Olaf.

Madita nickte. „Ich bin ein paarmal um den Block gelaufen und habe Pieps Namen gerufen.“ Ihre Augen füllten sich mit Tränen. „Ich habe solche Angst, dass ihm etwas passiert ist“, schluchzte sie. „Piep ist ja so klein, vielleicht ist er verletzt und braucht Hilfe?“

Ihre Mama schloss sie fest in die Arme. „Bestimmt geht es ihm gut“, sagte sie tröstend. „Aber ich weiß, was wir noch tun können: Wir kleben Fotos von Piep auf Plakate und hängen sie überall auf.“

Gemeinsam machten sie sich an die Arbeit.

„Blauer Sittich entflogen!“, stand auf den Plakaten. „Wer hat Piep gesehen? Bitte melden unter Telefonnummer 09876543.“ Darunter klebte Madita Fotos von Piep, die ihre Mama ausgedruckt hatte.

„Dann nichts wie los!“ Mit den Plakaten und einer Rolle Klebeband machten sich Madita, Laura und Olaf auf den Weg. Sie hängten die Plakate an der Bushaltestelle, im Supermarkt und in der Bäckerei auf. Auch die Verkäuferin im kleinen Kiosk an der Ecke und der Besitzer des Sportgeschäfts waren damit einverstanden, dass sie die Plakate an ihre Scheiben klebten.

Olaf gähnte. „Bestimmt meldet sich bald jemand, der Piep gefunden hat“, meinte er zuversichtlich.

„Danke, Onkel Olaf“, sagte Madita. „Aber was machen wir, wenn sich niemand meldet?“

Daran wollte Olaf gar nicht denken. „Ich weiß es nicht“, gab er zu. „Hoffen wir einfach das Beste!“

Zum Dank für seinen Einsatz lud Laura ihren Bruder zum Essen ein. Bald saßen sie in der gemütlichen Wohnküche

und ließen sich einen bunten Salat schmecken. Nur Madita stocherte lustlos auf ihrem Teller herum.

Da ertönte hinter dem Küchenschrank plötzlich ein leises „Piep!“

Alle fuhren herum. Kaum zu glauben: Der vermisste kleine Vogel saß in einem Eimer und piepste hungrig.

„Piep!“, rief Madita und sprang auf. „Da bist du ja! Komm zu mir, mein Kleiner!“

Schon flatterte der Vogel auf ihre ausgestreckte Hand.

„Piep ist wieder da!“, rief Madita glücklich und strich sachte über sein Gefieder.

Olaf lachte. „Der kleine Piepmatz war überhaupt nicht weg. Wahrscheinlich hat er sich aus Angst vor dem Unwetter hier verkrochen!“

Während Madita den Sittich in ihr Zimmer brachte, schickte Olaf mit dem Mobiltelefon eine Nachricht an alle Kollegen: „Blauer Vogel gefunden, Sucheinsatz beendet. Vielen Dank!“

Olaf steckte das Telefon ein und stand auf. „Nun ist mein Arbeitstag doch noch nicht zu Ende“, stellte er zwinkernd fest. „Auf dem Heimweg sammle ich unsere Plakate wieder ein.“

Aber was sollte es? Das Wichtigste war doch, dass Piep nichts passiert war!

Die Umwelt-detektive

Es war ein sonniger Tag am Meer. Ein frischer Wind strich über die Dünen, und am Himmel kreisten einige Möwen.

Frau Kneisel ließ ihren Blick über die glitzernde Wasserfläche schweifen. „Ist das schön hier!“, seufzte sie glücklich.

Ihr Mann strahlte. „Alles sieht genauso aus wie damals, als wir uns kennengelernt haben!“

Nur Marco und Fiona hatten langsam genug von der Wanderung an der Meeresküste. Unterwegs hatten sie schon jede Menge Muscheln aufgesammelt, Rinnen in den Sand gegraben und

Würmer und kleine Krebse beobachtet. Jetzt taten ihnen die Füße weh, und sie wollten endlich in der wunderbaren Bucht baden, von der Mama und Papa ständig schwärmten.

Frau Kneisel lächelte die Kinder verständnisvoll an. „Gleich habt ihr es geschafft“, versprach sie.

„Hier ist schon der Weg, der zur Bucht hinunterführt!“, rief ihr Mann.

Zwischen den Felsen schlängelte sich ein schmaler Trampelpfad nach unten. Fiona und Marco rannten los. Plötzlich war ihre Müdigkeit wie weggeblasen. Endlich waren sie da und konnten nach Herzenslust im Wasser planschen und am Strand Picknick machen!

Und dann lag sie vor ihnen – die kleine, windgeschützte Bucht, in der ihre Eltern sich damals ineinander verliebt hatten! Leise plätschernd rollten die Wellen ans Land, und weit und breit war kein anderer Mensch zu sehen.

„Na, was sagt ihr jetzt?" Herr Kneisel sah die Kinder erwartungsvoll an.

„Hier ist es super!", rief Marco und begann sich auszuziehen. „Ich gehe gleich ins Wasser, wer kommt mit?"

Fiona zögerte. „Aber schaut doch, wie das Wasser aussieht", meinte sie. „Ist es normal, dass das Meer hier so dunkel ist?"

Nun sahen ihre Eltern genauer hin. Auf der Wasseroberfläche schwamm eine dunkle Flüssigkeit.

„Nein, das ist nicht normal", meinte ihre Mama besorgt.

Herr Kneisel legte die Hand über die Augen. „Das sieht aus wie Öl", stellte er erstaunt fest. „Aber wie kommt das bloß in diese abgelegene Bucht?"

„Auf jeden Fall können wir hier nicht ins Wasser gehen", beschloss Frau Kneisel.

„Ach Mensch!" Marco stampfte mit dem Fuß auf. „Wofür sind wir dann hierhin gewandert?"

„Es tut mir echt leid!" Frau Kneisel nahm Marco in den linken und Fiona in den rechten Arm. „Wir sind ja selbst ganz traurig, denn wir haben uns so auf das Wiedersehen mit der Bucht gefreut."

„Es hilft alles nichts, wir müssen die Wasserverschmutzung der Feuerwehr melden“, beschloss Herr Kneisel.

„Wieso der Feuerwehr?“, wollte Marco wissen.

Sein Vater erklärte: „Die Feuerwehr löscht nicht nur Brände, sie kümmert sich auch um die Umwelt und reinigt Gewässer.“

Schon zog er sein Mobiltelefon aus der Tasche und wählte die Nummer 112.

„Gleich kommt die Feuerwehr und sieht sich die Flüssigkeit im Meer aus der Nähe an“, sagte er nach dem Telefonat.

Schon wenige Minuten später tauchte ein Schiff der Feuerwehr auf. Gespannt beobachteten Marco und Fiona, wie ein Mann einige Wasserproben nahm. Dann rief er mit einem Megafon zu ihnen hinüber: „Bitte gehen Sie nicht ins Wasser! Hier schwimmt Öl im Meer!“

Fiona seufzte. „Was machen wir denn jetzt?“, fragte sie.

„Lasst uns erst mal etwas essen“, schlug ihre Mutter vor. „Und dann bleibt uns wohl nichts anderes übrig, als zum Hotel zurückzuwandern.“

Kurz darauf saßen sie am Strand und ließen sich belegte Brötchen und kühle Getränke schmecken. Doch die Stimmung blieb bedrückt. Bald trafen in der Bucht weitere Schiffe ein. Schläuche wurden ausgerollt, und die Einsatzkräfte begannen, das Öl abzusaugen.

„Warum ist Öl im Wasser eigentlich so schlimm?“, erkundigte sich Marco.

Frau Kneisel erklärte: „Es verklebt die Federn der Wasservögel und schadet den Meerestieren. Für uns Menschen ist es auch nicht gesund.“

„Können wir nicht einfach warten, bis die Feuerwehr das ganze Öl weggesaugt hat?“, fragte Fiona. „Danach könnten wir doch baden gehen, oder?“

Ihr Vater winkte ab. „Lieber nicht“, meinte er. „Bestimmt schwimmen dann noch Ölreste im Meer.“

„Aber wie ist das Öl nur ins Wasser gelangt?“, überlegte Frau Kneisel.

Marco hatte eine Idee. „Kommt, wir spielen Umweltdetektive!“, rief er. „Wenn wir uns überall genau umsehen, finden wir vielleicht heraus, woher das Öl kommt.“

„Guter Vorschlag“, meinte sein Vater. „Aber ich dachte, ihr wollt nicht mehr laufen?“

„Bei mir geht's schon wieder“, sagte Marco schnell.

Auch Fiona hatte sich inzwischen erholt.

„Dann nichts wie los!“, meinte Frau Kneisel und verstaute die Picknickreste in ihrem Rucksack.

Zuerst sahen sie sich die Bucht noch einmal genau an.

„Der Strand ist ganz sauber“, stellte Fiona fest. „Von hier kommt das Öl nicht.“

Gemeinsam folgten alle dem Trampelpfad nach oben.

„Lasst uns in Richtung Leuchtturm laufen“, schlug Herr Kneisel vor. „Vielleicht entdecken wir unterwegs etwas Auffälliges.“

Von den hohen Küstenfelsen aus konnten sie den Ölfleck im Wasser gut sehen. Das Öl wurde von der Meeresströmung in die Bucht gedrückt, aber woher kam es?

Auf einmal entdeckte Fiona ein dunkles Rinnsal, das vor ihnen über den Felsen lief. „Seht nur!“, rief sie. „Ist das vielleicht Öl?“

„Sieht ganz so aus, ja!“ Ihr Vater nickte.

Aufgeregt folgten die Kinder der Spur. „Hier läuft das Öl in die Tiefe!“, rief Marco. Er deutete auf eine Stelle zwischen den Felsen, an der das Öl nach unten floss.

„Dort unten rinnt es ins Wasser“, stellte seine Mutter fest. „So gelangt das Öl also ins Meer, und mit der Wasserströmung schwimmt es dann in die Bucht.“

Fiona folgte der Ölspur in die andere Richtung. „Das Öl kommt von dort oben!“ Sie deutete auf einen Steilhang, der neben ihnen in die Höhe ragte.

Tatsächlich: Das dunkle Rinnsal strömte von oben herab.

„Ihr seid wirklich gute Umweltdetektive“, lobte Herr Kneisel. „Jetzt müssen wir nur noch irgendwie da hochkommen, um die Ölquelle zu finden.“

„Wir können doch hochklettern", schlug Marco vor.

„Auf gar keinen Fall!", widersprach sein Vater. „Das ist viel zu gefährlich!" Er sah in seine Wanderkarte. „Wir laufen bis zum Leuchtturm und folgen dann der Straße."

Gesagt, getan: Bis zum Leuchtturm war es nicht mehr weit. Von dort führte eine Straße hoch oben an der Felsküste entlang.

Sie waren noch nicht lange gelaufen, als vor ihnen auf der abgelegenen Küstenstraße etwas Großes im Sonnenlicht aufblitzte.

Frau Kneisel erkannte als Erste, was es war. „Da ist ein Öllaster umgekippt!", rief sie erschrocken. „Geht nicht näher heran, das kann gefährlich sein!"

Zum zweiten Mal wählte Herr Kneisel die 112.

Es dauerte keine fünf Minuten, bis mit lautem Tatütata ein ganzer Trupp von Fahrzeugen anrückte. Der Einsatzleiter kam auf Familie Kneisel zu. „Sie sind bestimmt die Urlauber, die das Unglück bemerkt haben", meinte er. „Gut, dass Sie so schnell Hilfe gerufen haben! Bitte warten Sie hier, wir bringen Sie später in Ihr Hotel zurück."

Aus sicherer Entfernung beobachteten Fiona, Marco und ihre Eltern, wie die Rettungskräfte den Fahrer aus der Fahrerkabine befreiten. Sanitäter brachten ihn zum Rettungswagen. Sekunden später startete der Wagen mit dem Verletzten zum nächsten Krankenhaus.

Nun machten sich die Feuerwehrleute an die Arbeit und verteilten Pulver auf der Fahrbahn.

„Das ist ein Bindemittel, das Öl aufsaugt", erklärte Herr Kneisel.

Während die Einsatzkräfte die Straße reinigten, hob ein starker Kranwagen den Öllaster auf die Räder.

Nun trat der Einsatzleiter wieder zu den Urlaubern. „Zum Glück ist noch nicht viel Öl in die Erde und ins Meer gelangt", sagte er.

Frau Kneisel deutete auf Fiona und Marco. „Das haben Sie diesen Umweltdetektiven zu verdanken. Die beiden haben die Ölspur gesucht und sind ihr nachgegangen."

„Dann danke ich euch beiden ganz besonders." Der Einsatzleiter lächelte die Geschwister an.

Marco fragte: „Kann man denn jetzt wieder in der Bucht baden?"

„Leider nein", erwiderte der Einsatzleiter. „Es dauert eine ganze Weile, bis wir das Öl restlos entfernt haben. Aber warum badet ihr nicht in einem der schönen Schwimmbäder in unserer Gegend?"

„Die Bucht ist für uns etwas ganz Besonderes." Frau Kneisel wurde ein bisschen rot. „Dort sind mein Mann und ich vor vielen Jahren zusammengekommen."

Der Einsatzleiter lächelte. „Aha, ich verstehe! Na, vielleicht fällt uns noch etwas Nettes für Sie ein. Jetzt bringen wir Sie erst einmal zu Ihrer Unterkunft. Ihr Kinder wollt doch bestimmt gerne mal mit einem Feuerwehrauto fahren, oder?", wandte er sich an Fiona und Marco.

Beide nickten mit leuchtenden Augen.

Kurz darauf hielt ein Jeep der Feuerwehr vor Familie Kneisel. „Bitte einsteigen!“, rief der Fahrer. „Ich bringe Sie zum Hotel!“

Marco, Fiona und ihre Eltern kletterten in den Wagen. Die anderen Feriengäste staunten nicht schlecht, als die Familie wenig später vor dem Hotel aus dem Feuerwehrwagen stieg.

Nun folgten Fiona, Marco und ihre Eltern dem Rat des Einsatzleiters und gingen im Hotelpool schwimmen. Hier war es zwar nicht so still wie in der Meeresbucht, aber dafür war das Wasser sauber!

„Seid ihr sehr traurig, weil der Ölunfall euch das Wiedersehen mit der Bucht vermasselt hat?“, fragte Fiona beim Abendessen im Hotel.

„Ach was!“, meinte ihr Vater. „Es ist doch gut, dass wir heute dort waren. Wer weiß, wann das Öl im Wasser sonst entdeckt worden wäre?“

In diesem Augenblick räusperte sich jemand neben ihrem

Tisch. Es war der Einsatzleiter mit einem Briefumschlag in der Hand.

„Bitte entschuldigen Sie die Störung“, sagte er. „Ich möchte Ihnen nur kurz dieses Schreiben unseres Bürgermeisters überreichen.“

„Vielen Dank!“ Frau Kneisel nahm den Brief. Neugierig öffnete sie den Umschlag und zog eine Karte heraus.

„Liebe Familie Kneisel“, las sie vor. „Mit Ihrem Einsatz haben Sie der Umwelt in unserer schönen Küstengegend sehr geholfen. Zum Dank schenken wir Ihnen eine kostenlose Urlaubswoche, wann immer Sie wollen.“

„Wie nett von Ihnen, vielen Dank!“ Frau und Herr Kneisel sprangen auf und schüttelten dem Einsatzleiter die Hand. „Gerne kommen wir nächstes Jahr wieder.“

Der Einsatzleiter lachte. „Bis dahin ist das Wasser ganz sicher wieder sauber“, versprach er.

Und das war die beste Nachricht des Tages!

Glück im Unglück

„Luna, bei Fuß!“ Alex musste nicht lange rufen, da kam seine Hündin Luna schon mit wehenden Ohren angeflitzt.

„Brave Luna“, lobte er. „Komm schnell, wir müssen zu einem Einsatz!“

Luna bellte aufgeregt und lief zum Auto. Als ausgebildete Rettungshündin wusste sie, was das Wort Einsatz bedeutete: Mit ihrer feinen Nase sollte sie jemanden aufspüren, der vermisst wurde. Bei ihrem letzten Einsatz hatte Luna eine

ältere Frau gefunden, die sich im Wald verirrt hatte. Und wen sollte sie heute suchen?

Während Alex den Wagen durch die Stadt steuerte, erklärte er Luna, worum es ging. „Ein Junge ist heute nicht von einem Schulausflug zurückgekehrt. Er war mit seiner Klasse am Stadtrand unterwegs. Wir müssen dort alles absuchen – den Park, den alten Bahnhof und den Schrottplatz."

Die Hündin bellte zustimmend. Sie verstand zwar Alex' Worte nicht, aber sie spürte genau, dass ihr Herrchen sich große Sorgen machte.

Bald hielten sie auf einem Parkplatz am Stadtrand. Dort warteten bereits einige Kollegen von der Polizei und der Feuerwehr sowie zwei weitere Rettungshunde mit ihren Hundeführern.

Der Einsatzleiter erklärte in knappen Worten, wo seine Leute bereits nach dem Vermissten gesucht hatten. Dann bildete er Teams aus jeweils einem Rettungshund mit Hundeführer sowie einigen Polizisten und Feuerwehrleuten. Alex und Luna sollten mit ihrem Team das Gebiet des alten Bahnhofs durchsuchen.

Die Bahngleise, die seit Jahren nicht mehr benutzt wurden, waren von Gestrüpp überwuchert. Zwischen Brennnesseln und Brombeerranken lagen alte Reifen und Autoteile vom nahen Schrottplatz herum. Luna hielt sich dicht neben Alex. Die Hündin wusste, dass sie erst dann mit der Suche beginnen sollte, wenn er sie dazu aufforderte.

Alex ließ seinen Blick über das verwilderte Gelände schweifen. Wo hätte er als Junge gerne gespielt? War der Vermisste vielleicht auf einen Baum geklettert und heruntergefallen? Oder hatte er sich in den Dornenranken verfangen und war gestürzt?

Seine Teamkollegen verständigten sich per Funk mit den anderen Trupps. Leider hatte noch niemand eine Spur von dem Jungen gefunden. Alex seufzte. Doch er wusste, dass man bei der Vermisstensuche vor allem eines haben musste: Geduld!

Plötzlich sah Alex hinter einigen dichten Büschen eine Mauer hervorblitzen. Sein Herz klopfte schneller. Was war das für ein Gebäude? Als er sich den Weg durch das Dickicht bahnte, erkannte er es: Von Unkraut umrankt stand da ein altes, halb verfallenes Bahnwärterhäuschen!

Über eine eingestürzte Mauer hinweg blickte Alex in das Häuschen. Zwischen Schuttbergen ragten Holzbalken in die Höhe. Er überlegte nicht lange. Wenn der Junge hier verschüttet war, brauchte er rasch Hilfe.

„Such, Luna!“, sagte Alex.

Sofort machte sich die Hündin an die Arbeit. Schnuppernd tapste sie zwischen den Trümmern herum.

Es dauerte nicht lange, bis sie laut bellte.

Luna hatte jemanden gefunden!

Vorsichtig kletterten Alex und seine Teamkollegen ihr nach. Sie mussten gut aufpasssen, um keine weiteren Steine oder Balken ins Rutschen zu bringen. Endlich konnten sie sehen, wen Luna aufgespürt hatte: einen Jungen, der halb vom Schutt bedeckt in der Ruine lag!

„Gut gemacht, Luna!“, lobte Alex und wandte sich an den Jungen. „Wir sind gekommen, um dir zu helfen“, sagte er freundlich. „Jetzt wird alles gut.“

Während Alex‘ Kollegen die Notfallsanitäter riefen und anschließend den anderen Teams Bescheid sagten, kümmerte sich Alex um den Jungen. Er sah blass aus und klagte über Schmerzen im Bein.

„Ich habe immer wieder versucht, aus den Trümmern herauszukommen“, berichtete der Junge. „Aber die Steine rutschen ständig weg. Außerdem kann ich mein rechtes Bein nicht bewegen, weil das Knie so wehtut.“

„Du musst dich jetzt auch nicht bewegen“, beruhigte Alex ihn. „Wir entfernen ganz vorsichtig die Steine, und wenn wir dich freigelegt haben, kümmern sich die Sanitäter um dich.“

„Vielen Dank.“ Der Junge versuchte zu lächeln. „Es war echt dumm von mir, von der Klasse wegzulaufen. Aber der alte Bahnhof sah so spannend und geheimnisvoll aus. Als ich in dieses Häuschen geklettert bin, hat die Mauer nachgegeben, und seitdem liege ich hier …“ Erschöpft schloss er die Augen.

Alex strich tröstend über seinen Arm. Dann richtete er sich auf und half seinen Kollegen, die Trümmer wegzuräumen.

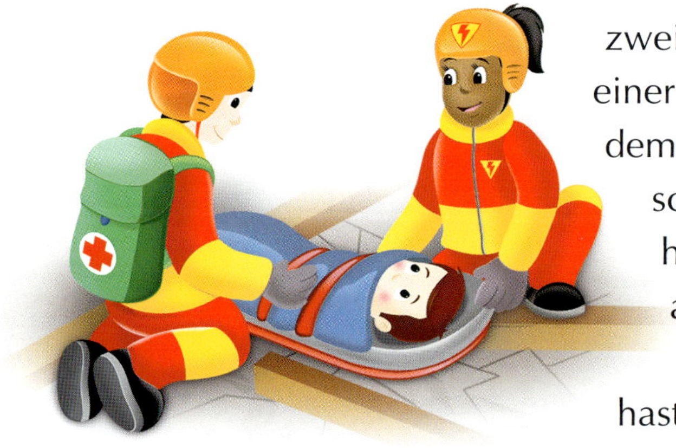

Da tauchten auch schon zwei Notfallsanitäter mit einer Trage auf. Sie stellten dem Jungen einige Fragen, schienten sein Bein und hoben ihn behutsam auf die Trage.

„So wie es aussieht, hast du noch mal Glück im Unglück gehabt“, meinte die Sanitäterin. „Gut, dass der Rettungshund dich so schnell gefunden hat!“

Ihr Kollege nickte. „Wir bringen dich jetzt ins Krankenhaus“, erklärte er. „Deine Eltern wissen schon Bescheid. Sie sind sehr froh, dass du in Sicherheit bist, und kommen direkt dorthin.“

Kurz darauf brauste der Rettungswagen mit Blaulicht und Sirene los.

Alex und seine Kollegen atmeten auf. Sie sicherten noch das halb eingestürzte Bahnwärterhäuschen mit Absperrband, dann machten sie sich auf den Heimweg.

Zur Belohnung durfte Luna unterwegs noch im Stadtbach baden. Sie liebte es, im Wasser zu planschen, und kam patschnass und sehr zufrieden wieder heraus.

Einige Tage später bekamen Luna und Alex noch eine Belohnung: Der Postbote brachte ein Paket, das der verunglückte Junge ihnen geschickt hatte. Darin steckten köstliche Hundeleckerlis für Luna, feine Pralinen für Alex und eine Karte für beide.

„Lieber Alex, liebe Luna!“, las Alex seiner Hündin vor. „Ich möchte euch ganz herzlich für meine Rettung danken. Bis auf einen Bänderriss am rechten Bein geht es mir gut. Bestimmt bin ich bald wieder ganz gesund. Viele liebe Grüße schickt euch Jonas.“

Alex streichelte Luna. „Das hat er aber nett geschrieben, findest du nicht auch?“

Luna sah ihn zustimmend an und ließ sich die Leckerlis schmecken. Zufrieden nahm Alex eine Praline aus der Packung. Gemeinsam würden Luna und er sicher noch vielen Menschen in Not helfen!

Wald in Gefahr!

„Achtung, Achtung! Hier spricht die Feuerwehr. Bitte halten Sie die Fenster und Türen geschlossen und verlassen Sie die Häuser nicht. Achtung, Achtung! Hier spricht die Feuerwehr …"

Liska wälzte sich im Bett hin und her. Es war mitten in der Nacht, und sie wollte gerne weiterschlafen. Doch ständig drängte sich diese laute Stimme in ihren Traum.

Plötzlich wurde die Zimmertüre geöffnet, und ihre Mama kam herein. Liska richtete sich gähnend auf und schnupperte. Ein beißender Geruch lag in der Luft.

„Bitte nicht erschrecken, mein Schatz", sagte ihre Mama und schloss das gekippte Fenster. „Der Wald brennt, und wir müssen uns vor dem Rauch schützen."

Jetzt war Liska hellwach. „Wieso brennt der Wald?", fragte sie erschrocken.

Ihre Mama setzte sich zu Liska aufs Bett. „Warum der Wald brennt, weiß niemand so genau", sagte sie. „Es ist ja seit Wochen sehr heiß, und es hat lange nicht geregnet. Deshalb sind die Bäume und der Waldboden ganz ausgetrocknet. Da reicht dann oft schon ein Zigarettenstummel oder eine Glasscherbe, auf die das Sonnenlicht fällt, um einen Brand auszulösen."

Liska kuschelte sich an ihre Mama. „Kann uns hier denn auch etwas passieren?", fragte sie bang.

Ihre Mama strich über Liskas Haar. „Hier zu Hause sind wir erst einmal sicher", sagte sie. „Bestimmt kann die Feuerwehr den Waldbrand rasch löschen."

Liska hörte über dem Haus das Knattern eines Hubschraubers. „Kann ich heute Nacht vielleicht bei euch schlafen?", bat sie.

Natürlich durfte sie!

Am nächsten Morgen wurde es rund um Liskas Dorf gar nicht richtig hell. Dunkle Rauchwolken hingen in der Luft und verströmten den Geruch von verbranntem Holz. Durch die Fenster im oberen Stockwerk konnten Liska und ihre Eltern bis zum Waldrand hinüberblicken. Schaudernd beobachteten sie, wie die Flammen in den Himmel loderten. Gut, dass so viele Feuerwehrleute im Einsatz waren! Aus langen Schläuchen spritzten sie Wasser auf die brennenden Büsche und Bäume.

Löschflugzeuge und Hubschrauber ließen von der Luft aus Wasser herabregnen.

Atemlos sah Liska zu. „Was machen eigentlich die Waldtiere, wenn es brennt?“, fragte sie.

„Bestimmt können sich viele von ihnen rechtzeitig in Sicherheit bringen“, erwiderte ihr Papa. „Die Vögel, Schmetterlinge und Bienen fliegen einfach davon. Schnelle Läufer wie Hasen und Rehe fliehen am Boden, und auch die Eichhörnchen sind sicher flinker als die Flammen.“

Liska dachte an all die Tiere, die sich nun neue Schlafplätze und Futterstellen suchen mussten.

„Wir könnten Futter für die Waldtiere in unseren Garten stellen“, schlug sie vor.

Ihre Eltern fanden die Idee gut. Und da heute ohnehin alle zu Hause bleiben mussten, sahen sie gemeinsam mit Liska in die Küchenschränke und überlegten, was den Waldtieren schmecken könnte.

Für die Schmetterlinge löste Liska etwas Zucker in Wasser auf. Für die Vögel und Eichhörnchen fädelte ihre Mama geschälte Nüsse und Apfelschnitze auf eine Schnur.

Liskas Papa holte tief Luft, bevor er die Terrassentür öffnete. Mit großen Schritten lief er durch den Garten und befestigte die Futterschnur an einem Baum. Das Schälchen mit dem Schmetterlingsfutter stellte er auf den Terrassentisch. Sekunden später war er schon wieder im Haus. „Brrr!“ Er schüttelte sich. „Die Luft da draußen ist wirklich unangenehm.“

Durch die geschlossene Terrassentür beobachtete Liska den Garten. Und siehe da: Bald tauchten die ersten Schmetterlinge und Vögel auf und kosteten von dem Futter.

Doch wie stand es mit dem Waldbrand? Beim Blick aus dem Fenster im Obergeschoss schauderte Liska. Der Wind fachte das Feuer immer wieder an! Obwohl die Einsatzkräfte unermüdlich löschten, konnten sie nicht verhindern, dass die Flammen auf neue Bäume übersprangen.

Aufgeregt sah Liska zu, wie einige Feuerwehrleute mit Äxten breite Schneisen in den Wald schlugen.

„Das machen sie, um das Feuer aufzuhalten“, erklärte Liskas Mama. „Wo die Flammen kein trockenes Laub und keine Zweige als Nahrung finden, können sie sich nicht weiter ausbreiten.“

Liskas Herz klopfte bis zum Hals. Hoffentlich gelang es der Feuerwehr bald, den Waldbrand zu löschen!

„Siehst du die Feuerwehrleute mit den großen Behältern?“ Liskas Mama deutete auf einen Trupp, der schwer beladen zum Waldrand unterwegs war. „In den Behältern ist Löschschaum, der die Flammen und die Glut am Waldboden erstickt.“

Andere Trupps pumpten Wasser aus dem nahen Fluss und spritzten es in die Flammen. Und immer wieder flogen Hubschrauber durch die Luft und entleerten ihre riesigen Wassertanks über dem brennenden Wald. Allmählich wurden die Flammen kleiner. Liska atmete auf. Es sah ganz so aus, als ob die Feuerwehr den Waldbrand besiegte!

Aber was war das? Plötzlich hörte Liska ein dumpfes Grollen, und der Himmel wurde noch dunkler als vorher.

Liska bekam eine Gänsehaut.

„Mama, Papa!“, rief sie. „Bitte kommt mal schnell!“

Schon eilten ihre Eltern die Treppe hinauf und kamen zu

ihr ans Fenster. In diesem Augenblick zuckte in der Ferne ein greller Blitz auf, gefolgt von lautem Donner.

„Na, so was! Da braut sich ein Gewitter zusammen", staunte Liskas Papa. „Was für ein Glück! Ein kräftiger Regenguss wird sicher auch die letzten Glutnester löschen."

Bald folgten Blitz und Donner dicht aufeinander. Dunkle, schwere Wolken hingen über dem brennenden Wald.

Eilig drehten die Löschflugzeuge und Hubschrauber ab und verschwanden. Am Waldrand rollten die Feuerwehrleute ihre Schläuche auf und verstauten die Ausrüstung in den Einsatzfahrzeugen. Und dann begann es zu regnen. Aber wie! Eine dichte, graue Regenwand prasselte herab.

Liskas Mama setzte sich auf eine Bank am Fenster und schloss ihre Tochter in die Arme.

Dankbar lehnte Liska sich an sie. Draußen war es so düster und unheimlich. Da tat es gut, Mamas Nähe zu spüren.

Über dem Wald verwandelten sich die letzten Flammen in große, qualmende Rauchsäulen. Als der Regen aufhörte und der Himmel sich schließlich wieder lichtete, atmete Liska erleichtert auf. Der Waldbrand war gelöscht!

Bald fielen die ersten Sonnenstrahlen auf das verbrannte Waldstück. Verkohlte Baumreste ragten dampfend in den Himmel. Ein Hubschrauber kreiste über dem Wald.

„Die Einsatzkräfte schauen nach, ob es auch wirklich nirgendwo mehr brennt", erklärte Liskas Papa.

Es dauerte nicht lange, da rollten wieder Feuerwehrfahrzeuge durch das Dorf.

Diesmal rückten die tüchtigen Einsatzkräfte an, um nach dem Gewitter Baumstämme und Äste von den Straßen zu räumen.

Bald hallte wieder eine Lautsprecherdurchsage durch die Straßen. „Achtung, Achtung! Hier spricht die Feuerwehr! Es besteht keine Gefahr mehr! Alle Anweisungen der letzten Nacht sind hiermit aufgehoben."

Liska rannte in ihr Zimmer. „Jetzt muss ich unbedingt ein Bild malen!" Sie schnappte sich ihre Stifte und malte einen lichterloh brennenden Wald auf ein Zeichenblatt. „Damit ich nicht vergesse, wie der Waldbrand ausgesehen hat", sagte sie, als sie das Bild später ihrem Papa und ihrer Mama zeigte. „Ich hoffe nämlich, dass ich nie wieder einen Waldbrand erlebe." Und das hofften ihre Eltern auch!

In letzter Sekunde

Es war noch früh am Morgen, als der Feuerwehrmann Tobi das Haus verließ. Im Auto schaltete er das Radio an und summte fröhlich mit, während er durch die Straßen fuhr.

Heute lag ein ganz besonderer Arbeitstag vor ihm: ein Trainingseinsatz am Flughafen! Dabei sollten Tobi und seine Kollegen üben, wie sie sich bei einem Flugzeugbrand richtig verhielten.

Tobi war ein bisschen aufgeregt, denn er sollte zum ersten Mal einen solchen Einsatz leiten. In kürzester Zeit mussten alle Fluggäste und Besatzungsmitglieder aus einem brennenden Flugzeug gerettet und der Brand gelöscht werden. Während er auf der Autobahn in Richtung Flughafen fuhr, ging Tobi im Kopf noch einmal durch, worauf es bei so einem Großeinsatz ankam. Aber was war das?

Plötzlich bremste das Auto vor ihm scharf ab. Auch Tobi hielt an. Schnell schaltete er die Warnblinkanlage ein, um die nachfolgenden Fahrer zu warnen.

Da machte es vor ihm *rums* und ein paar Fahrzeugteile flogen durch die Luft. Oje, ein Auto war ins Schleudern geraten und hatte sich auf der Fahrbahn gedreht! Der Wagen dahinter war gegen das Unfallfahrzeug geprallt, und ein Lastwagen hatte nicht mehr rechtzeitig bremsen können und war ebenfalls in die Unfallstelle gerutscht.

Gut, dass Tobi in seinem Auto eine Freisprechanlage hatte! Sofort wählte er die Nummer 112 und teilte der Einsatzleitstelle mit, was geschehen war und wo sich der Unfall ereignet hatte. Während Tobi telefonierte, stiegen einige andere Leute aus ihren Autos und sicherten die Unfallstelle mit Warndreiecken.

Bevor er sein Auto verließ, überprüfte Tobi, ob der Wagen richtig stand. Auf mehrspurigen Straßen mussten alle Autofahrer zwischen dem linken Fahrstreifen und dem Nachbarstreifen eine Rettungsgasse für die Einsatzkräfte freilassen.

Tobis Auto stand ganz am Rand, also konnte er aussteigen. Sofort lief er zu den Unfallfahrzeugen. Waren Menschen in Gefahr?

Gab es vielleicht Verletzte, denen er helfen konnte? Der Fahrer des Lastwagens und das Ehepaar aus dem weißen Auto waren bereits ausgestiegen. Doch der grüne Wagen qualmte, und die Fahrerin saß blass hinter dem Lenkrad.

Mit zwei großen Schritten war Tobi bei der Autotüre und öffnete sie. Er sprach die Frau freundlich an, doch sie war vor Schreck ganz durcheinander. Tobi überlegte nicht lange. Es war zu gefährlich, sie in dem qualmenden Auto zu lassen! Vorsichtig legte er die Arme um die Frau und hob sie heraus. Er wollte sie gerade zum Straßenrand tragen, als er das Martinshorn hörte. Ein Glück, die Einsatzkräfte waren unterwegs! Schon brausten Rettungswagen, Feuerwehrfahrzeuge und Polizeiautos durch die Rettungsgasse.

Kurz darauf kümmerten sich zwei Notfallsanitäter um die Fahrerin des grünen Autos.

Die Polizei sperrte die Straße ab, und die Feuerwehr löschte den brennenden Motor des Unfallautos. Währenddessen untersuchten die Sanitäter und ein Notarzt auch die Insassen der anderen Fahrzeuge. Zum Glück waren alle mit dem Schreck davongekommen. Nur die Fahrerin des grünen Wagens wurde vorsichtshalber ins Krankenhaus gebracht.

Ein Polizist und eine Polizistin kamen auf Tobi zu und befragten ihn als Zeugen. Der Feuerwehrmann erzählte ganz genau, was er erlebt und beobachtet hatte.

„Vielen Dank für den Bericht“, sagte die Polizistin. „Und danke, dass Sie die Frau in Sicherheit gebracht haben.“

Ihr Kollege blickte auf Tobis Feuerwehranzug. „Kommen Sie gerade von der Nachtschicht, oder sind Sie auf dem Weg zur Arbeit?“

Tobi seufzte, denn in diesem Augenblick fiel ihm die Flughafenübung wieder ein. Schnell sah er auf die Armbanduhr. Oje, in wenigen Minuten begann die Übung! „Eigentlich sollte ich heute einen Trainingseinsatz auf dem Flughafen leiten“, erklärte er. „Aber daraus wird jetzt wohl nichts mehr.“ Er zog das Mobiltelefon aus der Tasche, um seinen Kollegen am Flughafen Bescheid zu sagen.

„Vielleicht ja doch?“, meinte die Polizistin und zwinkerte ihm zu. „Die Autobahn muss leider gesperrt bleiben, bis alle Unfallspuren beseitigt sind. Aber ich glaube, in Ihrem Fall können wir eine Ausnahme machen und Sie vorbeilassen.“

Der Polizist nickte. „Steigen Sie ein und fahren Sie zum Flughafen“, meinte er. „Und viel Erfolg bei der Übung!“

„Vielen, vielen Dank!“ Schon saß Tobi in seinem Auto und ließ den Motor an. Vorsichtig rollte er an der Unfallstelle vorbei. Auf zum Flughafen!

Unterwegs rief Tobi bei seinen Kollegen an. „Ich bin in zehn Minuten da“, sagte er und erklärte kurz, weshalb er zu spät kam. „Fangt gerne schon ohne mich an. Vielleicht kann Bernd ja für mich die Einsatzleitung übernehmen.“

Als Tobi kurz darauf am Flughafen ankam, warteten seine Kollegen schon. Erwartungsvoll blickten die Feuerwehrleute ihm entgegen.

„Hier bin ich endlich“, keuchte Tobi. „Warum schaut ihr denn so?“

„Warum wohl?“ Sein Kollege Bernd lächelte. „Du bist doch heute unser Einsatzleiter.“

Tobi schnappte überrascht nach Luft. „Habt ihr etwa auf mich gewartet?“

„Na klar!“ Alle lachten. „Du kannst doch nichts dafür, dass du im Stau gestanden hast.“

Tobi strahlte. Er hatte wirklich nette Kollegen! „Vielen Dank! Also dann, los geht‘s!“

Sekunden später begann die Übung. „Triebwerksbrand auf Startbahn B!“, meldete die Leitstelle. Die Feuerwehrleute sprangen in die Einsatzfahrzeuge und brausten aufs Rollfeld. Dort stand ein Triebwerk des Übungsflugzeuges in Flammen. Tobis Herz klopfte bis zum Hals. Auch wenn es nur eine Übung war, musste jeder Handgriff sitzen!

Im Handumdrehen hatten die Einsatzkräfte den Übungsbereich abgesperrt, die Notrutsche angelegt und die Feuerwehrschläuche ausgerollt.

Als Erstes mussten alle Menschen aus dem Flugzeug gerettet werden. Statt echter Passagiere waren es heute Flughafenmitarbeiter. In Sekundenschnelle hatten sie das Flugzeug über die Rutsche verlassen.

Nun begannen die Löscharbeiten. Tobi wusste, dass auch Übungseinsätze gefährlich sein können. Daher achtete er streng darauf, dass die Feuerwehrleute immer einen Sicherheitsabstand zu dem brennenden Flugzeug einhielten.

Bald hatten es die Einsatzkräfte geschafft: Das Feuer war gelöscht! Für die Feuerwehrleute war die Arbeit allerdings noch nicht zu Ende. Sie mussten noch die Sperren auf dem Rollfeld wegräumen, die Notrutsche abbauen und ihre Ausrüstung säubern. Währenddessen kümmerten sich Flugzeugmechaniker und Reinigungskräfte um das Übungsflugzeug.

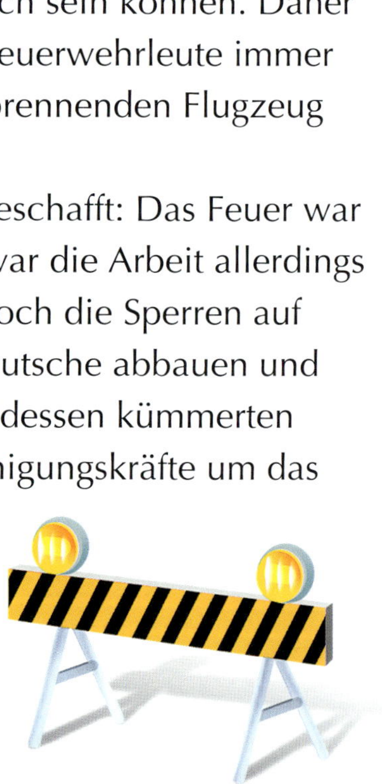

„Was für ein Einsatz!“ Nach getaner Arbeit trafen sich alle Helfer zur gemeinsamen Besprechung.

„Vielen Dank, ihr habt toll gearbeitet!“ Tobi lächelte die Feuerwehrleute an.

„Und du warst ein hervorragender Einsatzleiter“, fand sein Kollege Bernd.

„Ja genau! Du warst super, Tobi!“ Alle klatschten in die Hände.

Bernd grinste. „Gut, dass die Flughafen-Feuerwache rund um die Uhr besetzt ist. So kann es im Ernstfall nicht passieren, dass der Einsatzleiter im Stau steht!“

Tobi nickte. „Ich hoffe, dass es hier am Flughafen niemals wirklich brennt“, sagte er. „Aber sollte doch einmal der Ernstfall eintreten, sind wir bestens vorbereitet.“ Und darauf kam es schließlich an!